BEI GRIN MACHT SICH IHR WISSEN BEZAHLT

Psychische Störungen. Risiko- und Schutzfaktoren, soziale Unterstützung, dysfunktionale Kognitionen und psychotherapeutische Interventionen

Vivien Albers

Bibliografische Information der Deutschen Nationalbibliothek:

Die Deutsche Nationalbibliothek verzeichnet diese Publikation in der Deutschen Nationalbibliografie; detaillierte bibliografische Daten sind im Internet über http://dnb.d-nb.de abrufbar.

ISBN: 9783346749994
Dieses Buch ist auch als E-Book erhältlich.

Druck und Bindung: Books on Demand GmbH, Norderstedt Germany
Gedruckt auf säurefreiem Papier aus verantwortungsvollen Quellen

Das vorliegende Werk wurde sorgfältig erarbeitet. Dennoch übernehmen Autoren und Verlag für die Richtigkeit von Angaben, Hinweisen, Links und Ratschlägen sowie eventuelle Druckfehler keine Haftung.

Das Buch bei GRIN: https://www.grin.com/document/1282482

Inhaltsverzeichnis

Abkürzungsverzeichnis

Abb.	=	Abbildung
AMPD	=	Arbeitsgemeinschaft für Methodik und Doku-mentation in der Psychiatrie 2018
APA	=	American Psychiatric Association
BDI	=	Beck Depressionsinventar
bspw.	=	beispielsweise
bzw.	=	beziehungsweise
DGPPN	=	Deutschen Gesellschaft für Psychiatrie und Psychotherapie, Psychosomatik und Nerven-heilkunde
DSM-5	=	Diagnostic and Statistical Manual of Mental Disorders (5. Auflage)
eds.	=	Editor
etc.	=	et cetera
ggf.	=	gegebenenfalls
HAMD	=	Hamilton Depression Skala
ICD-10	=	International Classification of Disease (10. Auflage)
ISR	=	ICD-10-Symptom-Rating
lat.	=	lateinisch

mind.	=	mindestens
MRT	=	Magnetresonanztomographie
PET	=	Positronen-Emissions-Tomographie
sog.	=	sogenannte(s)
u.a.	=	unter anderem

Abbildungsverzeichnis

Tabellenverzeichnis

1. Risiko- und Schutzfaktoren

1.1 Definition

Seit den 70er Jahren konvergiert die Modellentwicklung der klinischen Psychologie auf einen integrativen oder auch biopsychosozialen Ansatz hin. Dieser Ansatz erklärt das menschliche Verhalten und das Auftreten von psychischen Störungen als Interaktion biologischer, psychologischer und sozialer Faktoren unter Berücksichtigung von entwicklungsbezogenen Aspekten. In der Forschung haben integrative Modelle aktuell die größte Bedeutung (Hoyer & Knappe, 2020, S. 14-23). Teil dieses Ansatzes ist das sog. Risikofaktorenkonzept. Hinsichtlich der Entstehung und Entwicklung von psychischen Störungen wird dieses zunehmend herangezogen. Dabei wird der Tatsache Rechnung getragen, dass in der Regel nicht ein einzelner genau zu bezeichnender Faktor als eindeutige Erklärung für das Zustandekommen einer psychischen Erkrankung verantwortlich gemacht werden kann. Vielmehr wird davon ausgegangen, dass genetisch bzw. anlagebedingte Faktoren, physiologische konstitutionelle Faktoren, persönlichkeitsbedingte Temperamentsmerkmale im Zusammenspiel mit individuell lerngeschichtlichen Erfahrungen und diversen physischen, sozialen und psychosozialen Umwelteinflüssen zur Entstehung und dem Verlauf von psychischen Störungen beitragen (Wittchen & Hoyer, 2011, S. 650). Darunter lassen sich Risiko- und Schutzfaktoren (auch: protektive Faktoren) unterscheiden. Bei einem **Risikofaktor** handelt es sich um ein Merkmal, bei dessen Vorliegen die Störungswahrscheinlichkeit im Vergleich zu einer unbelasteten Vergleichsgruppe erhöht ist. Dabei werden drei Gruppen von Risikofaktoren unterschieden (Hayward, Esser & Schneider, 2013, S. 173):

- Biologische Risikofaktoren, z.B. Schwangerschafts- und Geburtskomplikationen, Chromosomenanomalien

- Psychologische Risikofaktoren, z.B. Disharmonie in der Partnerschaft, psychische Störungen eines Elternteils, Vernachlässigung
- Soziale Risikofaktoren, z.B. beengte Wohnverhältnisse, Ein-Eltern-Familie, finanzielle Schwierigkeiten

Bei **Schutzfaktoren** handelt es sich um Merkmale, die potenziell schädliche Auswirkungen der Risikofaktoren abschwächen oder verhindern können. Schutzfaktoren beinhalten die einer Person zur Verfügung stehenden Bewältigungsmöglichkeiten und die aus der Umwelt verfügbaren Ressourcen. Es können folgende Schutzfaktoren unterschieden werden (Wittchen & Hoyer, 2011, S. 651):

- Personale (der Person innewohnende) Schutzfaktoren, z.B. emotionsorientierte und problemorientierte Bewältigungsstrategien
- Soziale (aus der Umwelt beziehbare) Schutzfaktoren, z.B. soziale Unterstützung, hohe soziale Kompetenz

1.2 Ätiologie psychischer Störungen

Die Entstehung und Aufrechterhaltung psychischer Störungen zu verstehen, ist ein zentrales Ziel der Klinischen Psychologie. Im Zentrum steht häufig die Fragestellung, warum einige Personen trotz gleicher Risikofaktoren an psychischen Störungen erkranken und andere nicht. Nach der integrativen Perspektive der klinischen Psychologie sind psychische Störungen das Ergebnis von komplexen Vulnerabilitäts-Stress-Interaktionen, bei denen gleichermaßen biologische, kognitiv-affektive, soziale und umweltbezogene sowie Verhaltensaspekte in ihrer entwicklungs- und zeitbezogenen Dynamik in Wechselwirkung stehen (Hoyer & Knappe, 2020, S. 14). Im Zusammenhang mit psychischen Störungen kann die relative Bedeutung und Rolle jedes dieser Faktoren, Prozesse und Perspektiven in der Auslösung oder Aufrechterhaltung bestimmter psychischer Störungen unterschiedlich sowie kontextabhängig relevant sein. Charakteristisch für integrative Modelle ist, dass alle Faktoren eine wichtige Rolle in der Ausformung, beim Verlauf und Ausgang von psychischen Störungen spielen können. Zudem nimmt das Modell an, dass die relative Bedeutung eines jeden dieser Faktoren über die Lebensspanne variiert. Ein Beispiel für ein derartiges interaktionales integratives Modell und ihre Komponenten im Zusammenhang mit psychischen Störungen ist das Vulnerabilitäts-Stress-Modell (Abb. 1). Vulnerabilitäts-Stress-Modelle gehen von einem komplexen Zusammenspiel von Risiko- und Schutzfaktoren bei psychischen Störungen aus. Es erklärt die Entwicklung psychischer Störungen im Allgemeinen und kann als grobe Heuristik für die individuelle Analyse der Entstehung einer Störung im Einzelfall genutzt werden (Berking & Rief, 2012, S. 20-21).

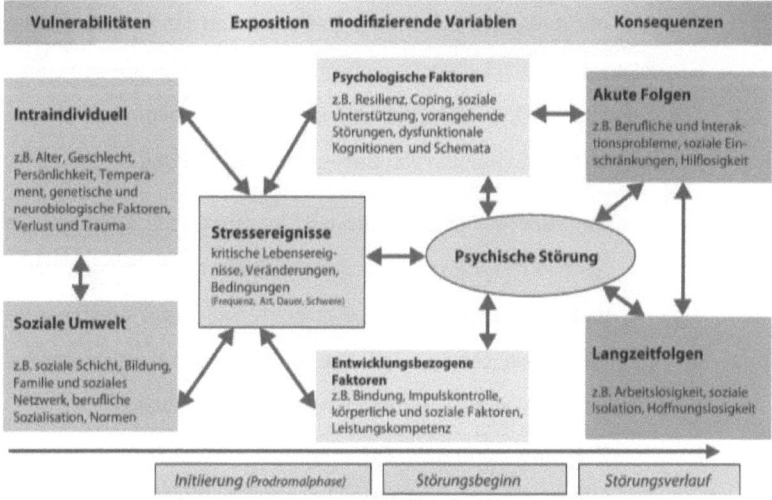

Abb. 1: Vulnerabilitäts -Stress-Modell psychischer Störungen

(Quelle: Hoyer & Knappe, 2020, S. 25)

Während Risikofaktoren eher in Verbindung mit der Entwicklung von Vulnerabilität und ihrer Bedeutung in der Störungsauflösung gesehen werden, werden protektive Faktoren oftmals im Zusammenhang mit dem Begriff der Resilienz diskutiert. Als Resilienz wird die Fähigkeit einer Person bezeichnet, auch in Gegenwart von extremen Belastungsfaktoren und ungünstigen Lebenseinflüssen adaptiv und proaktiv zu handeln. Das heißt resiliente Menschen können auch bei negativen Lebensereignissen in Gegenwart von Risikofaktoren und bei hoher Vulnerabilität oft eine erfolgreiche Anpassung an veränderten Bedingungen erreichen. Das Vorhandensein von Resilienz und Schutzfaktoren im Allgemeinen könnte die Frage beantworten, warum einige Menschen trotz Risikofaktoren nicht wie andere an psychischen Störungen erkranken. Beispiele für protektive Faktoren, die resilienzsteigernd wirken können sind z.b. soziale Unterstützung (Kapitel 2.1), soziale Fähigkeiten und gute sozialökonomische Rahmenbedingungen. Resilienz kann als das Ergebnis einer günstigen Entwicklung trotz ungünstiger Entwicklungsbedingungen verstanden werden, aber auch als dynamischer Prozess selbst, der im Wechselspiel zwischen Person und den Anforderungen der Umwelt erfolgt und je nach Lebensbereich und Entwicklungsphase variieren kann (Hoyer & Knappe, 2020, S. 25). Weiterhin gehören zu Risiko- und Schutzfaktoren, die für psychische Störungen von Bedeutung sind (Berking & Rief, 2012, S. 21-24):

- **Genetische Prädispositionen:** In zahlreichen Zwillings- Familien- und Adoptionsstudien finden sich deutliche Hinweise auf genetische Risikofaktoren für die Entwicklung psychischer Störungen. Allerdings können genetische Einflüsse für eine Reihe von Störungen zwar als wichtige, aber nicht als allein verantwortlichen Faktor identifiziert werden.

- **Prä- und perinatale Schädigungen:** Je nach Art (z.B. Erkrankung der Mutter, Alkohol- und Nikotinkonsum, Frühgeburt, etc.) und Schwere der Schädigung können diese unterschiedliche Auswirkungen auf Funktionen wie Aufmerksamkeit, Gedächtnis, Impulskontrolle und Sprache haben. Die

Funktionsbeeinträchtigungen zählen zum einen zu den Kriterien bestimmter psychischer Störungen (z.B. ADHS) und zum anderen können sie zu spezifische Belastungen herbeiführen (z.b. Arbeitslosigkeit, geringer sozialer Status). Zudem können sie das Bewältigungsrepertoire für den Umgang mit Belastungssituationen reduzieren und auf diesem Weg einen bedeutsamen Risikofaktor für die Entwicklung psychischer Störungen darstellen.

- **Temperament/Persönlichkeit:** Hoher Neurotizismus, Introversion, Sensation-Seeking (speziell für Substanzmissbrauch), ein geringes Selbstwertgefühl und die Tendenz, aversive innere Erfahrungen zu meiden können als Risikofaktor für psychische Störungen gesehen werden können. Zu Schutzfaktoren gehören individuelle Bewältigungsstrategien, eine hohe Selbstwirksamkeitserwartung, ein positives Selbstwertgefühl, ein hohes Maß an Verhaltenskontrolle und ein starkes Kohärenzgefühl (Wittchen & Hoyer, 2011, S. 651).

- **Komorbidität und vorangegangene Störungen:** Psychische Störungen sind ihrerseits ein Risikofaktor für das Ausbilden weiterer psychischer Störungen. Allerdings kann eine erfolgreich bewältigte Störung auch als Schutzfaktor fungieren, wenn die Bewältigung zu einem Kompetenzerwerb und einer erhöhten Bewältigungszuversicht geführt hat.

- **Kultur:** Kulturelle Unterschiede in Bezug auf Normen, Umgangsweisen, Denk- und Verhaltensgewohnheiten, Bildungssysteme, Familienstrukturen, psychosoziale Versorgungssysteme, etc. können bei der Entstehung psychischer Störungen eine wichtige Rolle spielen und müssen im Einzelfall berücksichtigt werden.

- **Sozialökonomischer Status:** Epidemiologische Studien zeigen, dass Personen mit niedrigem sozioökonomischen Status ein wesentlich höheres Risiko für die Entwicklung psychischer Störungen im Allgemeinen aufweisen. Zur Erklärung existieren drei Annahmen: die Stress-and-Strain-Hypothese, die Social-Drift-Hypothese und das Transaktionsmodell. Für eine detaillierte Ausformulierung dieser Erklärungsmodelle wird an dieser Stelle auf Berking und Rief (2012, S. 23) verwiesen.

- **Elterliches Erziehungs- und Bindungsverhalten:** Frühe Bindungserfahrungen eines Kindes beeinflussen maßgeblich die Erwartungen, Haltungen und Gefühle gegenüber sich selbst und anderen und spielen eine wichtige Rolle beim Erwerb von Emotionsregulationskompetenzen. Bei negativen Bindungserfahrungen besteht die Gefahr, dass sie internalisiert werden und sich in einem negativen Selbst- und Weltbild verfestigen, welches als wichtiger Risikofaktor für Depressionen und andere Störungen gilt. Dagegen gelten stabile Beziehungen, die sich durch ein fürsorgliches und liebevolles Bindungsverhalten der primären Bezugsperson auszeichnen, als wichtiger Schutzfaktor.

- **Einfluss von Gleichaltrigen:** Mit zunehmendem Alter spielen die im Kontakt mit Gleichaltrigen gemachten Erfahrungen eine immer wichtigere Rolle für die psychische Gesundheit. So können Peers als (schlechte) Vorbilder dienen und Störungsverhalten (z.B. Drogenkonsum) attraktiv erscheinen lassen und durch Kommentare zu Personen und Verhalten das Selbst- und Weltbild beeinflussen.

Für ein ausreichendes Verständnis der Prävention von psychisches Störungen ist ein Verständnis von individuellen Risiko- und Schutzfaktoren, wie sich gezeigt hat, unabdingbar. Zum einen, um geeignete Präventionsmaßnahmen zu planen und zum anderen, um Interventionsstrategien zur Therapie von Störungen und Krankheiten auf der Basis einer Ressourcenaktivierung zu entwickeln (Hoyer & Knappe, 2020, S. 324).

2. Entstehung und Aufrechterhaltung psychischer Störungen

2.1 Einfluss soziale Unterstützung

Der Begriff „soziale Unterstützung" bezeichnet insbesondere qualitative Aspekte sozialer Interaktion zwischen Personen bzw. in Dyaden. Zentrale Komponenten sozialer Unterstützung bilden (Klauer, 2009, S. 80):

- Instrumentelle Unterstützung: Alltagspraktische und materielle Hilfen, z.B. das Erledigen von Arbeiten, die Bereitstellung finanzieller Mittel
- Emotionale Unterstützung: Dämpfung von Belastungsemotionen wie Angst und Niedergeschlagenheit, z.b. durch Zuhören, Trösten, Wärme, Mitleid, Zuspruch
- Informale Unterstützung: Vermittlung lösungsrelevanter und hilfreicher Information sowie Bewertung, z.b. ein persönlicher Rat

Schwarzer (2000) sieht das Ziel von sozialen Unterstützungsleistungen darin, einen Problemzustand zu verändern, der beim Betroffenen Leid erzeugt oder, falls das nicht möglich ist, zumindest das Ertragen dieses Zustandes zu erleichtern. Soziale Unterstützung wird als externale Ressource aufgefasst. Vor dem Hintergrund (sozialer) Risikofaktoren kann sie als wichtiger Puffer gesehen werden, der verhindern kann, dass diese Belastungen zu psychischen Störungen führen (Berking & Rief, 2012, S. 26). Aus der Perspektive der Entwicklungspathologie und Resilienzforschung wird der sozialen Unterstützung eine risikomildernde und protektive Funktion zugeschrieben, welche eine positive Entwicklung trotz vorhandener Risiken begünstigen kann (Diers, 2016, S. 83). Die soziale Unterstützung schützt Individuen vor negativen Einflüssen oder versetzen sie in die Lage, besser mit ihnen umzugehen (Diers, 2016, S. 89). Das Ausmaß der sozialen Unterstützung, die eine Person erfährt, hängt vom Grad der Vertrautheit mit anderen Personen, den Formen sozialer Kontakte und auch von bereits früher stattgefundenen Austauschprozessen sozialer Unterstützung ab (Kienle, Knoll & Rennberg, 2006, S. 108).

Mitte der 1970er Jahre begann die Auseinandersetzung mit der Frage nach der Bedeutung sozialer Beziehungen bei der Ätiologie psychischer Störungen. Cassel (1976) und Cobb (1976) zeigten erstmals, dass Personen mit wenigen oder gar schädlichen sozialen Bindungen häufiger krank sind als Personen mit eher lohnenden Beziehungen (Diers, 2016, S. 79). Seit den 1980er Jahren wurden verschiedene Kausalmodelle von Unterstützungseffekten vorgeschlagen. Während Hauptmodelle davon ausgehen, dass soziale Unterstützung generell positive Auswirkungen auf das Wohlbefinden und eine für alle Belastungsniveaus gleichermaßen dämpfenden Wirkung auf psychische Folgebeschwerden bzw. stressbedingte Beeinträchtigungen besitzt, wird im Stresspuffer-Modell von Cohen und Wills (1985) angenommen, dass dieser dämpfende Effekt mit steigendem Belastungsniveau zunimmt (Wittchen & Hoyer, 2011, S. 81). Aronson, Wilson und Akert (2008) fassen das Puffermodell als Theorie zusammen, die besagt, dass Menschen soziale Unterstützung nur in Stresssituationen benötigen, da sie vor nachteiligen Folgen des Stresses bewahrt. Im Haupteffektmodell wird angenommen, dass direkte Effekte (Haupteffekte) sich dort zeigen, wo durch soziale Unterstützung zum einen verhindert wird, dass eine Person überhaupt einem Stressor ausgesetzt ist und zum anderen Wohlbefinden, Zuversicht und positive Stimmung gefördert werden sowie Isolation vermieden wird. Soziale Unterstützung wirke sich auch dann auf die Gesundheit aus, wenn keine Belastung oder Stress vorhanden ist (Hoyer & Knappe, 2020, S. 72). Allgemein zu beachten ist, dass Befunde bezogen auf die Haupt- und Puffereffekte darauf hinweisen, dass die ätiologische Bedeutung der sozialen Unterstützung in einem engen Zusammenhang mit allgemeinen Bedingungen der Entstehung psychischer Störungen gesehen werden muss (Diers, 2016, S. 89). In Abb. 2 werden beide Modelle veranschaulicht.

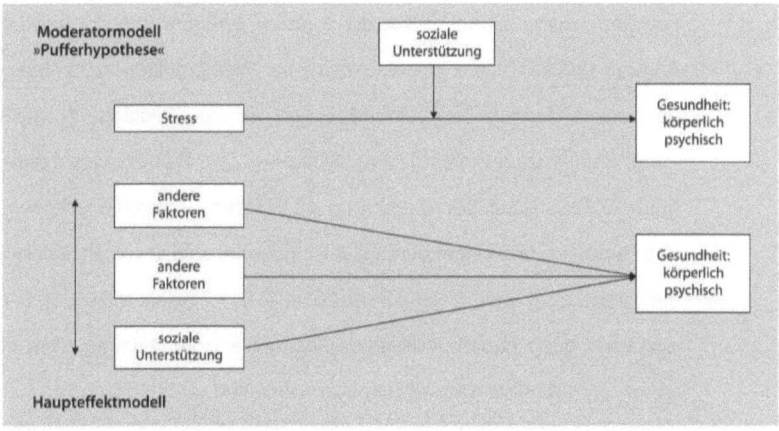

Abb. 2: Puffer- und Haupteffektmodell der Wirkung sozialer Unterstützung

(Quelle: Kienle et al., 2006, S. 115)

In komplexeren Modellen wird zusätzlich berücksichtigt, dass Stressexposition bzw. -niveau auf der einen und Intensität sozialer Unterstützung auf der anderen Seite möglicherweise voneinander nicht unabhängig sind. In Präventionsmodellen wird postuliert, dass soziale Unterstützung das Auftreten von Stressoren verhindern kann. In diesem Modell besitzt soziale Unterstützung somit eine protektive Wirkung. Demgegenüber stehen Mobilisierungsmodelle, die einen positiven Zusammenhang zwischen Belastung und sozialer Unterstützung annehmen, da soziale Ressourcen häufig erst im Zuge bereits aktuell ablaufender Belastungsperioden aktiviert werden können (Wittchen & Hoyer, 2011, S. 81). Zum aktuellen Stand der Forschung lässt sich allerdings festhalten, dass es keine einheitliche Theorie zur sozialen Unterstützung gibt. Zwar stehen viele Faktoren in engem Zusammenhang mit sozialer Unterstützung, jedoch sind weitere Forschungen in dieser Richtung nötig, um Ergebnisse zu konkretisieren und Konsens hinsichtlich der Konzeptualisierung und Operationalisierung herzustellen (Diers, 2016, S. 79). Allerdings kann festgehalten werden, dass es zu psychologischen Effekten sozialer Unterstützung bisher die meisten Befunde gibt. Laut Nestmann und Wehner (2008) fördern soziale Netzwerke Wohlbefinden durch Integration, Zugehörigkeit, Aufgehoben sein, Akzeptiert werden, Bestätigung und Wertschätzung. Emotionales Wohlbefinden, Selbstwert und Selbstbewusstsein werden erhöht. Optimistische Stimmung wird geschaffen. Personen erfahren Sicherheit und Reduktion von Angst durch das Eingebettet sein in soziale Beziehungen und die Aussicht auf Hilfe in Not (Diers, 2016, S. 91). Soziale Unterstützung kann sich allerdings auch negativ auswirken, wenn die Unterstützung nicht adäquat ist, wenn das Bedürfnis nach Unterstützung kritisiert wird und wenn zu viel Unterstützung im Sinne einer Überbehütung geschieht. Allerdings weisen Personen, die für eine hypothetische Belastungssituation erwarten, dass ihnen soziale Unterstützung in hoher Intensität zur Verfügung stünden, regelmäßig günstigere Werte auf Befindlichkeitsskalen und weniger Symptome insbesondere depressiver Störungen auf (Wittchen & Hoyer, 2011, S. 82). Zusammenfassend lässt sich festhalten, dass der sozialen Unterstützung eine protektive Wirkung gegenüber belastenden Lebensbedingungen innewohnt, die als Ressource im Bewältigungsprozess genutzt werden kann (Diers, 2016, S. 100).

2.2 Einfluss dysfunktionale Kognitionen

Um den Begriff dysfunktionale Kognitionen zu verstehen, müssen zunächst die Begriffe Kognition und dysfunktional bestimmt werden. Der Begriff **Kognition** (lat.:"cognitio") bedeutet „Erkenntnis" oder „Erfahrung". In der modernen Psychologie umfasst der Begriff sämtliche Strukturen, Ereignisse und Vorgänge der menschlichen Informationsverarbeitung, insbesondere Wahrnehmung-, Erinnerungs-, und Vorstellungsprozesse wie Denkvorgänge, Erwartungen und

Überzeugungen. Das Wort **dysfunktional** setzt sich aus dem griechischen Präfix dys (= schlecht) und dem lateinischen Wort functio (= Verrichtung) zusammen und drückt damit die ineffiziente Leistungsfähigkeit und den unzweckmäßigen Charakter eines Sachverhalts aus (Sauerland, 2015, S. 7-8). Aus diesen Ausführungen lässt sich ableiten, dass **dysfunktionale Kognitionen** vereinfacht als nicht-zielführende Denkprozesse und negative Schemata (auch: Denkmuster) bezeichnet werden können, welche sich im Erleben von Personen aufgrund ineffizienter Bedürfnisbefriedigung in Frustration, Enttäuschung, geringer Leistung, langsame Zielannäherung und einem Defizit an Erfolgserlebnissen zeigen (Sauerland, 2018, S. 10-11). Dysfunktional sind diese Kognitionen, weil sie meist das Wohlergehen, die Zielsetzungen und die Bedürfnisbefriedigung einer Person unterwandern. Verbreitete Arten dysfunktionaler Kognitionen, ihre jeweiligen Definitionen, Beispiele und beispielhafte Fragebogenitems sind in Anhang A dargestellt. Entstehen können sie durch (Sauerland, 2015, S. 11-12):

- Persönliche Erfahrungen, z.B. ein Misserfolgserlebnis
- Beobachtungen anderer Menschen, z.B. „Meine Eltern trauen sich das auch nicht zu."
- Sozialisationsprozesse, z.B. internalisierte Leistungsimperative
- Individuelle Motive, z.B. Furcht vor sozialer Zurückweisung

Mit ihnen verbundene Erfahrungen werden dann auf andere Lebensbereiche generalisiert, auf die Zukunft projiziert oder sie werden hinsichtlich bestimmter Facetten selektiv interpretiert oder abstrahiert. Durch Denkfehler dieser Art werden auch neuartige Situationen bevorzugt im Licht der entstandenen Überzeugungen wahrgenommen. Solche Denkfehler verdichten sich zumeist zu dysfunktionalen Kognitionen, die ihrerseits wahrnehmungs- und handlungsleitend sind. Sie sind häufig irrational, weil es ihnen an logischer Konsistenz und empirischer Bewährtheit mangelt und basieren auf systematischen Denkfehlern und fehleranfälligen heuristischen Schlüssen (Sauerland, 2015, S. 12-13).

Im Hinblick auf psychische Störungen geht der kognitive Ansatz der klinischen Psychologie davon aus, dass diese das Resultat dysfunktionaler Kognitionen sind (Hoyer & Knappe, 2020, S. 23). Aus ihrer Sicht werden psychische Störungen durch sie getriggert und aufrechterhalten (Hanisch, 2015, S. 6). Das kognitive Modell der Depression nach Beck (1970) sieht die Ursache depressiver Störungen bspw. in dysfunktionalen kognitiven Schemata, die zu negativen automatischen Gedanken und damit zu einer negativ verzerrten Wahrnehmung und Interpretation der Realität führen (Berking & Rief, 2012, S. 37). Die Entstehung und Aufrechterhaltung depressiven Symptome geschieht durch die Bewertung von Ereignissen und nicht durch die Ereignisse selbst (Caspar, Pjanic & Westermann, 2018, S. 59). Diese Schemata können sich früh in der Kindheit entwickelt und zeitweise in den Hintergrund treten, wobei in psychosozialen Belastungssituationen die Gefahr besteht, dass sie wieder aktiviert werden. Unter ihrem Einfluss kommt es zu den Denkfehlern, die die Wahrnehmung verzerren und dadurch negative Gefühle auslösen und zudem die Schemata aufrechterhalten können (Berking & Rief, 2012, S. 38). Abb. 3 zeigt das kognitive Modell der Depression.

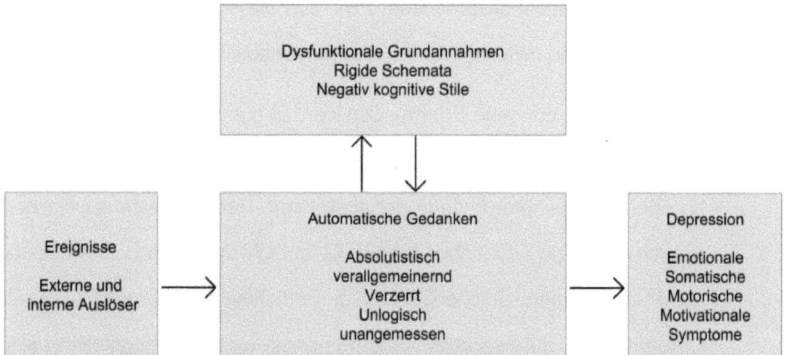

Abb. 3: Kognitives Modell der Depression

(Quelle: Hautzinger, 2000)

Auf ähnliche Weisen argumentiert auch das Konzept der somatosensorischen Verstärkung nach Barsky (Rief & Barsky, 2005), welches versucht die Entstehung und die zunehmende Verschlechterung somatoformer Störungen zu erklären. Es wird angenommen, dass Individuen alltäglichen Körpermissempfindungen besondere Aufmerksamkeit schenken und diese als bedrohlich einstufen. Auch hier entsteht ein Teufelskreis dysfunktionaler Bewertungen: Die erhöhte Aufmerksamkeit führt zu psychophysiologischen Anspannungen, was die dysfunktionale Bewertung und wiederrum die Aufmerksamkeit selbst verstärkt. Abb. 4 zeigt ein vereinfachtes integratives Modell von Vulnerabilliäts-Auslöser und Aufrechterhaltenden Faktoren der somatoformen Störungen (Caspar et al., 2018, S. 123-124).

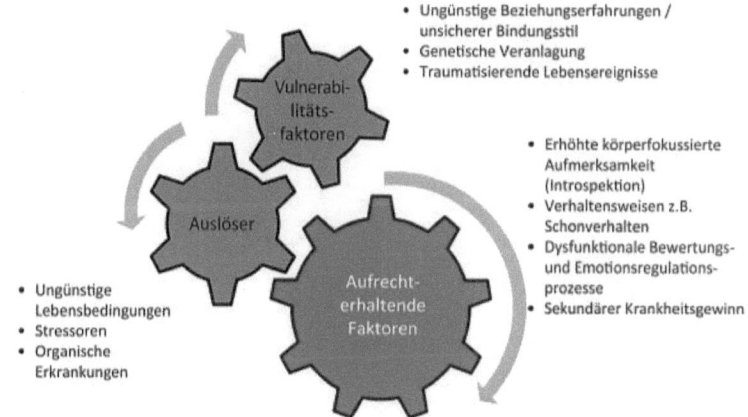

Abb. 4: Auslöser und Aufrechterhaltende Faktoren der somatoformen Störungen

(Quelle: Caspar et al., 2018, S. 123)

Auch phobische Störungen, speziell die soziale Phobie, können durch dysfunktionale Gedanken entstehen und aufrechterhalten werden. Clark und Wells (1995)

formulierten ein kognitives Modell, das zentrale Mechanismen der Aufrechterhaltung der psychischen Störung beschreibt. Dem Modell zufolge neigen Personen mit sozialen Ängsten zu einer Reihe dysfunktionaler Aufmerksamkeits- und Verarbeitungsprozesse. Dysfunktionale Grundannahmen führen dazu, dass soziale Situationen als bedrohlich wahrgenommen werden. Dadurch kommt es zu einer Zunahmen körperlicher Angstsymptome, welche wiederrum als Bestätigung für das Vorliegen einer Bedrohung interpretiert werden. Die subjektiv erlebte Angst steigt an und dysfunktionale Schemata werden bestätigt. So werden zukünftige Situationen wiederrum als bedrohlich wahrgenommen und die Störung wird aufrechterhalten oder sogar verstärkt (Berking & Rief, 2012, S. 80-81). Abb. 5 zeigt den Ablauf des Modells zur Aufrechterhaltung sozialer Phobie.

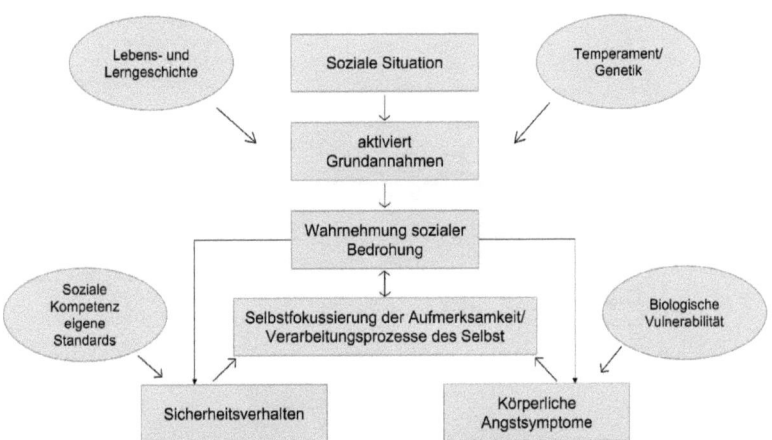

Abb. 5: Modell zur Aufrechterhaltung der sozialen Phobie

(Quelle: Eigene Darstellung in Anlehnung an Clark & Wells, 1995)

Zusammenfassend lässt sich festhalten, dass dysfunktionale Kognitionen psychische Störungen auf verschiedenste Weise verursachen und aufrechterhalten

werden können. Da sie sich bei einer Vielzahl von psychischen Störungen wie-
derfinden lassen, ist das Verständnis dysfunktionaler Kognitionen, besonders im
Bereich der Psychotherapie und Intervention (z.B. der kognitiven Verhaltenstherapie), unabdingbar.

3. Diagnostischer Prozess psychotherapeutischer Intervention

3.1 Der diagnostische Prozess

Grundvoraussetzung für den Einsatz klinisch-psychologischer Interventionen
sind Diagnosen, d.h. empirisch nachprüfbare Aussagen über die Problemstruktur
eines Patienten und ggf. die Zuordnung der Problemstruktur zu einer Diagnose.
Mit dem diagnostischen Prozess in der Klinischen Psychologie werden verschiedene, sich zum Teil überlappende Aufgaben der Diagnostik angesprochen (Hoyer & Knappe, 2020, S. 521-523). Diese sind in Tab. 1 aufgelistet.

Aufgaben	Beispiel
Klassifikatorische Diagnostik	Diagnostik psychischer Störungen, Zuweisung von ICD-10 und DSM-IV-Diagnosen auf den verschiedenen Achsen
Dispositionelle Diagnostik	Persönlichkeitsdiagnostik
Biografische Diagnostik	Einheitliche Beschreibung der Person und ihrer Vergangenheit
Funktionale Diagnostik	Verhaltensanalyse und funktionale Bedingungsanalyse
Indikationsfragen	Zuordnung von Interventions- und Problemtypen
Verlaufs- und Prozessdiagnostik	Messung von Veränderungen der Depressivität im Verlauf von Interventionen
Erfolgsdiagnostik	Messung, in welchem Ausmaß bestimmte Ziele erreicht wurden

Tab. 1: Aufgaben der Diagnostik (Quelle: Eigene Darstellung in Anlehnung an Hoyer &
Knappe, 2020, S. 521)

Grob lässt sich der diagnostische Prozess in sieben, zum Teil überlappende Bereiche unterteilen (Abb. 5). Es bietet sich an, eine gröbere Makroebene (Schritt 1-3) und eine feingliedrige Mikroebene (Schritt 4-8) zu unterscheiden (Wittchen & Hoyer, 2011, S. 387).

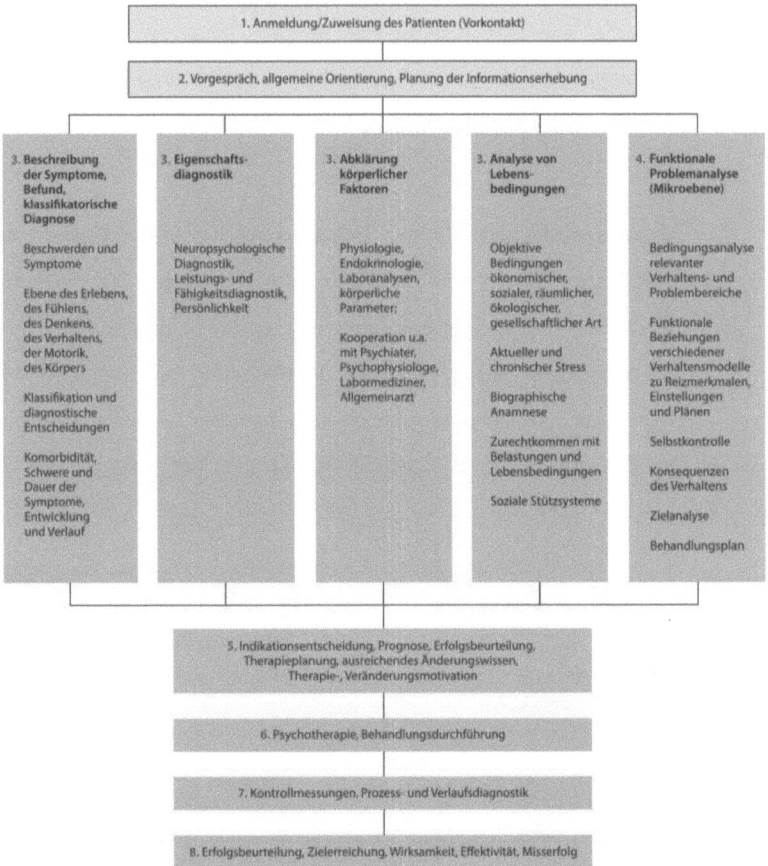

Abb. 6: Der diagnostische Ablauf im Überblick

(Quelle: Hoyer & Knappe, 2020, S. 524)

Im Folgenden Unterkapitel werden die einzelnen Schritte des diagnostischen Prozesses im Rahmen psychotherapeutischer Interventionen anhand eines Fallbeispiels erläutert.

3.2 Fallbeispiel Depressive Episode

Frau Müller (verheiratet, 52 Jahre) ist leitende Angestellte einer Wirtschaftsprüfungs- und Beratungsgesellschaft. Seit einiger Zeit berichtet sie über eine verminderte Konzentration und Aufmerksamkeit am Arbeitsplatz. Zudem hat sie das Gefühl, dass sie schneller ermüdet und grundsätzlich weniger Antrieb hat als zuvor. Sie ist selbst bei kleinere Anstrengungen weniger belastbar. Da sie unzufrieden mit ihrer Leistung in ihrer Tätigkeit ist, belastet sie ein schweres Schuldgefühl. Sie kann nachts schlecht schlafen und hat keinen Appetit. Dies hat dazu geführt, dass sie in den letzten vier Wochen fast 5 kg abgenommen hat. Auch in ihrer Freizeit findet sie keinen Ausgleich: An Aktivitäten, die ihr zuvor Freude bereitet haben, findet sie momentan kein Interesse. Ihre Freunde trifft sie nur noch selten. Aufgrund von ihren Schlafproblemen, schlafen Frau Müller und ihr Ehepartner seit einigen Wochen in getrennten Betten. Mit ihm genießt sie aufgrund ihrer Lustlosigkeit und dem beruflichen Stress kaum noch Zweisamkeit. Kinder hat das Ehepaar nicht. Frau Müller macht sich Sorgen um die Zukunft. Das Gefühl von Freude hat sie seit Wochen nicht mehr gespürt. Sie fühlt sich als würde sie in ihrem privaten sowie beruflichen Leben versagen. Daher wendet sie sich an einen Psychotherapeuten.

Der diagnostische Prozess beginnt auf der **Makroebene**. Zunächst erfolgt die Anmeldung und eine Zuweisung des Patienten. Die Entscheidung über die prinzipielle Annahme eines Patienten zur Therapie ist abhängig von verschiedenen

Aspekten wie der allgemeinen Problemlage, den persönlichen, institutionellen und versorgungsstrukturellen Gegebenheiten und dem psychopathologischen Status (Hoyer & Knappe, 2020, S. 524). Nach dem **Vorkontakt** geht es in einem **Erstkontakt** darum, einen allgemeinen Eindruck vom Patienten und der Ausgangslage zu gewinnen. Vorrangige Ziele sind hier die vorläufige Informationsgewinnung und die Aufklärung über diagnostische und Behandlungsoptionen. Zudem stellt sich in dieser Phase die Frage nach der Passung zwischen Patienten und Therapeuten. Kann eine vertrauensvolle Beziehung hergestellt werden, erlaubt dies dem Patienten offen über persönliche Problemaspekte zu sprechen. Der erste Kontakt und Beurteilungsschritt sollte lediglich dem Gewinnen eines ersten groben Eindrucks dienen und ca. 15-20 Minuten dauern.

Im nächsten Schritt erfolgt eine umfassende **Exploration**. Dieses kann strukturiert mit diagnostischen Instrumenten oder in freier Exploration erfolgen (Hoyer & Knappe, 2020, S. 525). Eine Zusammenfassung der von Frau Müller beschriebenen subjektiven Beschwerden sind, übersetzt in Symptome, in Tab. 2 dargestellt.

Hauptsymptome	Zusatzsymptome
• Interessenverlust und Freudlosigkeit • Verminderung des Antriebs mit erhöhter Ermüdbarkeit (selbst bei kleineren Anstrengungen)	• Verminderte Konzentration • Schuldgefühle • Negative und pessimistische Zukunftshaltung • Schlafstörungen • Verminderter Appetit

Tab. 2: Zusammenfassung Symptome

(Quelle: Eigene Darstellung)

In Übereinstimmung mit dem Grundlagenwissen und dem Vulnerabilitäts-Stress-Modell psychischer Störungen wird eine möglichst breite multimodale und multimethodale Betrachtung des Patienten angestrebt (Hoyer & Knappe, 2020, S. 526). Anhand der von Frau Müller beschriebenen Einzelheiten kann eine Verdachtsdiagnose gestellt werden. Diese wird dann durch weitere Fragen und ggf. den Einsatz von geeigneten psychologischen Tests und Verfahren spezifiziert, geprüft und modifiziert (Wittchen & Hoyer, 2011, S. 388). Mit Blick auf die beschriebenen Symptome lässt sich, bezogen auf eine klassifikatorische Diagnose, eine mittelgradige depressive Episode nach ICD-10 vermuten. Eine Zusammenfassung aller Haupt- und Zusatzsymptome depressiver Episoden nach ICD-10 (Kapitel F32) sind in Tab. 3 dargestellt. Zur Diagnoseerstellung einer depressiven Störung und ihrer Schweregradbestimmung müssen einige diagnostische Kriterien beachtet werden, die vor allem die Anzahl und Dauer der Symptome betrifft. Inwiefern die Diagnose nach den ICD-10-Kriterien erfolgt, zeigt Abb. 7. Wichtig zu beachten ist, dass die klassifikatorische Diagnostik nur einen, allerdings unverzichtbaren, Baustein der Diagnose darstellt. Aus einer ICD-10-(oder DSM-5-) Diagnose allein kann, mit wenigen Ausnahmen, keine Interventionsentscheidung getroffen werden (Wittchen & Hoyer, 2011, S. 388).

Hauptsymptome	Zusatzsymptome	Somatisches Syndrom und psychotische Symptome
• Depressive, gedrückte Stimmung • Interessenverlust und Freudlosigkeit • Verminderung des Antriebs mit erhöhter Ermüdbarkeit und Aktivitätseinschränkung	• Verminderte Konzentration und Aufmerksamkeit • Vermindertes Selbstwertgefühl und Selbstvertrauen • Schuldgefühle und Gefühle von Wertlosigkeit • Negative und pessimistische Zukunftsperspektiven • Suizidgedanken, erfolgte Selbstverletzung und Suizidbehandlungen	• Interessenverlust oder Verlust der Freude an normalerweise angenehmen Aktivitäten • Mangelnde Fähigkeit, auf eine freundliche Umgebung oder freudige Ereignisse emotional zu reagieren • Frühmorgendliches Erwachsen, zwei oder mehr Stunden vor der gewohnten Zeit, Morgentief • Der objektive Befund einer psychomotorischen Hemmung oder Agitiertheit

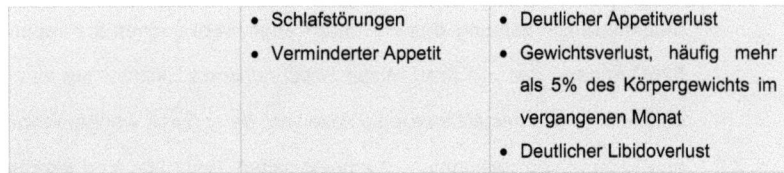

• Schlafstörungen	• Deutlicher Appetitverlust
• Verminderter Appetit	• Gewichtsverlust, häufig mehr als 5% des Körpergewichts im vergangenen Monat
	• Deutlicher Libidoverlust

Tab. 3: Symptome Depressiver Episoden nach ICD-10 Kapitel F32

(Quelle: Eigene Darstellung)

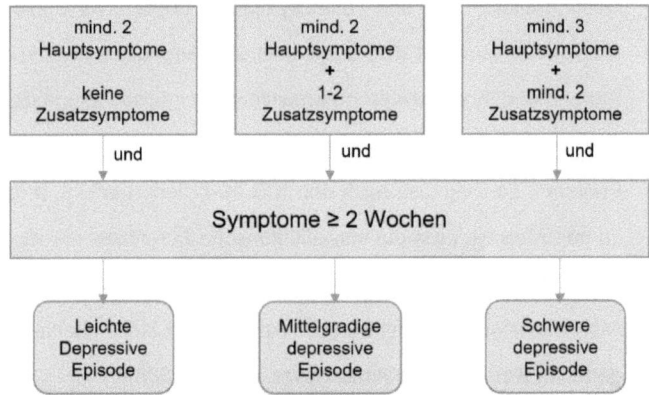

Abb. 7: Diagnose depressiver Episoden nach ICD-10 Kriterien

(Quelle: Eigene Darstellung in Anlehnung an DGPPN, 2017, S. 15)

Die **klassifikatorische Eingangsdiagnostik** wird durch **den psychopathologischen Befund** ergänzt. Der psychopathologische Befund ist eine umfassende querschnittliche Momentaufnahme der klinisch-psychologischen Symptomatik. Ein Beispiel für einen psychopathologischen Befund in Fall Frau Müller zeigt Abb. 8. Zur Unterstützung einer zugleich effizienten, zuverlässigen und umfassenden Beurteilung des psychopathologischen Befunds stehen verschiedene Dokumentationssysteme zur Verfügung. Dabei handelt es sich um Merkmalslisten, wobei es dem Untersucher freisteht, mit welchen Fragen und Methoden er die

Symptombereiche des psychopathologischen Befunds erfasst. In Deutschland ist das AMDP-System (Arbeitsgemeinschaft für Methodik und Dokumentation in der Psychiatrie, 2018) geläufig (Hoyer & Knappe, 2020, S. 528-529).

Beispiel Psychopathologischer Befund

Erstvorstellung einer 52-jährigen Patientin, mittelgradige depressive Episode (F32.1) in einer psychotherapeutischen Praxis. Wache, reflektierte Patienten. Ruhig und zurückhaltend im Gespräch. Antwortet verunsichert, überlegend, schüchtern. Stimmung insgesamt gedrückt. Einfache, teilweise ausdruckslose Mimik. Subjektiv beurteilt mittlere bis hohe Intelligenz, hohe Redegewandtheit, vielseitige emotionale Ausdrucksweise. Häufiges Grübel- und Schamverhalten. Keine formalen oder logischen Denkstörungen. Keine Hinweise auf Essstörung, Suizidalität oder selbstverletzendes Verhalten. Keine Hinweise auf Aufmerksamkeitsstörung oder Störung der Konzentration. Patientin schien veränderungsbereit.

Abb. 8: Beispiel Psychopathologischer Befund im Fall Frau Müller

(Quelle: Eigene Darstellung in Anlehnung an Hoyer & Knappe, 2020, S. 529)

Bei der Beurteilung psychischer Störungen spielt in den meisten Fällen die zeitliche Entwicklung von Symptomen, Syndromen und Störungen eine wichtige Rolle für die Diagnostik. Diese längsschnittliche Betrachtung der persönlichen Störungsentwicklung wird in der Psychopathologie unter dem Begriff der **Anamnese** abgehandelt. Die Information der Anamnese hat die Funktion, die diesbezüglich differenzialdiagnostischen Regeln der diagnostischen Klassifikationssysteme abzubilden und zudem ätiologische, pathogenetische und therapiebezogene Hinweise zu liefern. Angesichts der bei den meisten psychischen Störungen Komorbidität sowie Komplexität möglicher Verläufe ist es grundsätzlich empfehlenswert, diagnostische Instrumente einzusetzen, die diese zeitliche Abfolge zumindest formal korrekt abbilden (Hoyer & Knappe, 2020, S. 530). Mithilfe von umfassenden diagnostischen Interviewsystemen ist die Erhebung des pathologischen Befundes, der Anamnese und die Ableitung von Diagnosen möglich. Diese werden hinsichtlich ihres Strukturierungsgrads unterschieden. Beispiele für geläufige strukturierte und standardisierte Interviews sind in Tab. 4 dargestellt. In diesem Fall bietet sich bspw. das DIPS an. Wurde mithilfe des Interviews das Vorliegen einer depressiven Episode ermittelt, muss auch der Schweregrad anhand geeigneter Verfahren bestimmt werden. Geeignete diagnostische Verfahren zur Erfassung des Schweregrad einer Depression sind z.B. die „Hamilton Depression Skala" (HAMD; Hamilton, 1960) oder das Beck Depressionsinventar (BDI; Hautzinger et al. 1993). Da Frau Müller eine Punktzahl von 22 auf der HAMD erreichte, wurde eine mittelgradiges depressives Syndrom festgestellt.

Verfahren	Abkürzung	Autor(en)	Art	Klassifikationssystem
Diagnostisches Interview bei Psychischen Störungen	DIPS Mini-DIPS	Margraf et al. (2017) Magrad & Cwik (2017)	Strukturiert	DSM-5, ICD-10
Strukturiertes Klinisches Interview für DSM-5	SCID-5-CV	Beesdo-Baum et al. (2019)	Strukturiert	DSM-5
Schedules for Clinical Assesment in Neuropsychiatry	SCAN	Van Gülick et al. (1995)	Strukturiert	ICD-10
Diagnostisches Expertensystem	DIA-X-CIDI	Wittchen & Pfister (1997)	Standardisiert	DSM-IV/ICD-10

Tab. 4: Klassifikatorische Diagnostik: Strukturierte und standardisierte Interviews

(Quelle: Eigene Darstellung in Anlehnung an Hoyer & Knappe, 2020, S. 531)

Im weiteren Verlauf der Diagnose erfolgt zum einen die Erfassung sonstiger medizinischer Beschwerden, z.B. durch Biochemische Verfahren, Endokrinologischen Untersuchungen, Blutuntersuchungen sowie Bildgebenden Verfahren wie MRT, PET, etc. Zum anderen die Erfassung von Biografie, Persönlichkeit und aktueller Lebenssituation. Checklisten zur inneren und äußeren Lebensgeschichte sind in Anhang B zu finden. Frau Müller hat, neben einem erhöhten Blutdruck, keine medizinischen Beschwerden. Untergewichtig ist sie nicht. Auffällig ist, dass sie in einer Familie mit hohem Leistungsniveau aufgewachsen ist. Ihr Vater ist ein erfolgreicher Unternehmer und ihre Mutter ist Chirurgin. Sie hat einen zehn Jahre älteren Bruder, der früh ausgezogen ist, um sich selbstständig zu machen. Ihre Eltern waren zwar sehr harmonisch und liebevoll, hatten aber auch stets hohe Erwartungen an Frau Müller. Vor allem in der Schule hat sie den Druck gespürt. Sie war immer fleißig und nahm die Schule sehr ernst. Schlechte Noten hat sie meist ihren Eltern verschwiegen. Weil sich Frau Müller stark auf ihre Karriere konzentriert hat, haben sie und ihr Ehemann keine Kinder, was Frau Müller oft bedauert. Sozial ist das Ehepaar gut etabliert.

Nachdem die Schritte auf der Makroebene durchlaufen wurden, werden auf der **Mikroebene** Entscheidungen im Hinblick auf eine therapeutische Gesamtstrategie sowie die Auswahl einzelner Interventionskomponenten vorbereitet. Im Vordergrund der Mikroebene steht die **funktionale Verhaltens- und Problemanalyse** (Wittchen & Hoyer, 2011, S. 410). Um die Aufrechterhaltung problematischen Verhaltens zu systematisieren und darauf aufbauend eine Therapieplanung zu erstellen, hat sich die sog. Verhaltensgleichung von Kanfer und Saslow (1965) „SORKC" bewährt. Das SORKC-Modell stellt ein einfaches Modell zur Analyse problematischer Verhaltens- und Erlebensweisen dar. Wie die aktuell ablaufenden problematischen Verhaltensweisen analysiert werden, ist in Tab. 5 dargestellt. (Berking & Rief, 2012, S. 15-16).

Abkürzung	Bezeichnung	Beschreibung	Beispiel
S	Stimulus	Situative Merkmale/ (vorübergehende) Stimulationsbedingungen auf allen Manifestationsebenen.	externe Merkmale der Problemsituation oder interne Zustände, die Problemsituationen auslösen

O	Organismus	Genetische, psychologische, biochemische, mechanische Variablen.	Biologische Dispositionen, Aufmerksamkeitsprozesse, Bewertung von Situationsmerkmalen
R	Reaktion	Motorische, kognitive, emotionale und physiologische Reaktionskomponenten.	Nachdenken, Grübeln, Vermeidung von Handlungen, Weinen, Isolierung
K	Kontingenz	Regelhafte und zeitliche Verstärkungsbeziehung zwischen R und C.	z.B. prompte positive Verstärkung, intermittierende Verstärkung, langfristige Einflüsse, kurzfristige negative Verstärkung bei langfristiger Problemchronifizierung
C	Konsequenzen	(Verstärkende) Folge der Reaktion bzw. des Verhaltens.	z.B. direkte Zuwendung bei Symptomverhalten, negative Verstärkung durch Kontrollverhaltensweisen

Tab. 5: SORCK-Modell

(Quelle: Eigene Darstellung)

Auf den fünf Ebenen des Modells werden das problematische Verhalten und die Bedingungen, die es steuern beschrieben. Wie die funktionale Verhaltensanalyse am Beispiel Frau Müller aussehen kann, zeigt Tab. 5.

Abkürzung	Bezeichnung	Beispiel Frau Müller
S	Stimulus	Frau Müller spürt die Symptome der Antriebslosigkeit, Müdigkeit und des Konzentrationsverlustes besonders, wenn sie sich an ihrem Arbeitsplatz befindet.
O	Organismus	Förderung der Symptome durch katastrophisierende Gedanken wie „Ich werde niemals fertig, am Ende verliere ich noch meinen Job", Negaitve, irrationale Grundgedanken wie „Ich darf niemals scheitern" und „ich muss immer fit und leistungsfähig sein", Erfahrung in der Vergangenheit, weniger Zuwendung von ihrem Umfeld, besonders von ihren Eltern, zu bekommen, wenn keine guten Leistungen erbracht werden.
R$_{emotional-kognitiv}$	Reaktion emotional-kognitiv	Zunahme an Leistungsdruck

$R_{behavioral}$	Reaktion behavioral	Versuch, sich in die Arbeit zu stürzen
$K_{kontinuier-lich\_positiv}$	Kontinuierliche positive Verstärkung	Lob vom Vorgesetzten, aufgrund ihrer Arbeitsmoral und ihres Fleißes.
$C_{kurzfristig}$	Konsequenz kurzfristig	Verminderte Antriebslosigkeit und Motivation.
$C_{langfristig}$	Konsequenz langfristig	Bestätigung der negativen Denkschemata, Schuldgefühle bei schlechten Leistungen, Rückzug aus dem Privatleben

Tab. 6: SORKC-Modell am Beispiel Frau Müller

(Quelle: Eigene Darstellung)

Aus den mithilfe der Mikro- und Makroanalyse gewonnenen Erkenntnisse über problematisches Verhalten und Erleben lässt sich in der Regel ein **Therapieplan** ableiten (Berking & Rief, 2012, S. 16). In diesem Fall können z.b. situative Merkmale beeinflusst werden (z.B. Reduktion der Arbeit, Urlaub, Berufswechsel), es können auch Organismusvariablen verändert werden (z.b. individuelle Bewertungsprozesse, Selbstwertgefühl, Schuldgefühle, Leistungsdruck) und es kann die Reaktion beeinflusst werden (z.b. in Form einer Verhaltensänderung; der Arbeitsplatz wird kurzzeitig verlassen, um sich an der frischen Luft körperlich zu entspannen). Durch Beeinflussung der Kontingenzverhältnisse und Konsequenzen auf das Verhalten (z.b. Ehrliches Gespräch mit dem Vorgesetzten) kann ebenfalls eine Verbesserung bewirkt werden. In Hinblick auf Verlaufs- und Evaluationsdiagnostik bietet es sich an, die Therapieziele bspw. durch „Goal Attainment Scaling" (GAS) so spezifisch und messbar zu formulieren, dass Fortschritte in deren Richtung erfasst werden können. Im Anschluss an die Therapieplanung erfolgt dann die Durchführung **psychologischer Intervention** (Berking & Rief, 2012, S. 16). Für Frau Müller bietet sich eine tiefenpsychologisch fundierte Psychotherapie an, da an den Ursachen ihrer Symptomatik angesetzt werden soll. Diese sind vermutlich bereits in der Kindheit oder Jugend entstanden und laufen unbewusst ab. Ziel einer tiefenpsychologisch fundierten Psychotherapie ist die Stärkung des Ichs, sowie die Entwicklung und Stärkung der Realitätsprüfung und

Impulssteuerung (Seiffge-Krenke, 2007, S. 194). Während der Psychotherapie stehen **Prozess- und Verlaufsdiagnostik** im Vordergrund. Bei der Prozessdiagnostik werden Bestandteile des Therapieprozesses meist auf Sitzungsebene erfasst, z.b. die Qualität der Therapiebeziehung. Die Verlaufsdiagnostik dient der Erfassung von Veränderung der Symptomatik und Zielerreichung über die Zeit hinweg. So können mithilfe von Fragebögen die Therapiefortschritte überprüft werden und Verschlechterung der Symptomaktiv frühzeitig erkannt und entgegengewirkt werden. Die **Evaluationsdiagnostik** erfolgt am Ende einer Psychotherapie und ermöglicht die Beurteilung des Erfolgs und der Effektivität der Therapie. Erfolg kann zum einen direkt erfasst werden, z.b. über die Messung einer Zielerreichung, das Wegfallen einer Diagnose oder über die subjektive Einschätzung des Psychotherapeuten gemessen werden. Im Falle Frau Müller wäre ein Teilziel z.b. „Nein" zu mehr Aufgaben ihres Vorgesetzten sagen zu können. Zum anderen kann Erfolg auch indirekt über Veränderungsmessung bestimmt werden, bspw. die Differenz zwischen der per Fragebogen erfassten Symptombelastung vor und nach der Therapie (Caspar et al., 2018, S. 24). Dafür kann bspw. der ICD-10-Symptom-Rating (ISR; Tritt et al., 2008) herangezogen werden.

34

Glossar

Anamnese

Als Anamnese wird die lebensgeschichtliche Betrachtung von psychopathologischen Phänomenen über das aktuelle Störungsbild hinaus bezeichnet (Hoyer & Knappe, 2020, S. 530). Im Zusammenhang dieser bezieht sich die Anamnese auf den Längsschnittbefund.

Ätiologie

Die Ätiologie befasst sich mit den Ursachen für die Entstehung einer Krankheit bzw. Störung.

Äußere Lebensgeschichte

Bei der äußeren Lebensgeschichte handelt es sich um eine Art Lebenslauf des Patienten, der durch die Auflistung der sog. harten Daten von der Geburt bis zur Gegenwart erstellt wird. Hierfür können unterstützend sog. biografische Inventare oder Fragebögen verwendet werden (Hoyer & Knappe, 2020, S. 538)

Diagnostische Prozess

Der diagnostische Prozess in der Klinischen Psychologie lässt sich gleichermaßen als ein Hypothesen-generierendes und als ein Hypothesen-prüfendes Verfahren beschreiben. Die Hypothesen beziehen sich im klinischen Kontext meist auf Entscheidungs- und Interventionsziele. Ausgehend von initialen Schlüsselfragen zur allgemeinen Problembeschreibung und Strukturierung einer diagnostischen Beurteilungssituation werden zunehmend feinere Hypothesen abgeleitet, zu deren Beantwortung differenzierte Information gesammelt werden (Hoyer & Knappe, 2020, S. 523).

DSM-5	Diagnostic and Statistical Manual of Mental Disorders. Klassifikationssystem psychischer Störungen, herausgegeben von der APA (Wittchen & Hoyer, 2011, S. 1128). Das DSM-5 wird vorrangig in den USA eingesetzt.
Exploration	Als Exploration wird das Eruieren psychopathologischer Erscheinungen mittels Befragung des Patienten bezeichnet. Es ist ein entscheidungsorientiertes Gespräch, welches zur Vorbereitung von möglichst zufriedenstellenden Entscheidungen nach Kriterien der psychologischen Wissenschaft geplant, durchgeführt und ausgewertet wird (Westhoff & Kluck, 2008, S. 86). Im Zusammenhang dieser Arbeit bezieht sich die Exploration auf den Querschnittsbefund, d.h. die klassifikatorische Diagnostik und den psychopathologischen Befund.
Goal Attainment Scale	Goal Attainment Scaling ist ein therapeutisches Instrument zur Überprüfung selbst definierter Ziele.
Hamilton Depression Scale	Eine Fremdbeurteilungsskala zur Einschätzung des Schweregrads einer Depression. Punktevergabe: 0-8 Punkte (Keine Depression bzw. klinisch unauffällig oder remittiert), 9-16 Punkte (leichtes depressives Syndrom), 17-24 Punkte (mittelgradiges depressives Syndrom), ≥25 Punkte (schweres depressives Syndrom). (DGPPN, 2017)
ICD-10	International Statistical Classification of Diseases. Klassifikationssystem der

Weltgesundheitsorganisation (WHO), welches im Kapitel v(F) psychische Störungen klassifiziert. Es unterscheidet sich im Wesentlichen vom DSM dadurch, dass es sein Augenmerk nicht allein auf die psychischen Störungen richtet, sondern auch auf somatische Erkrankungen (Wittchen & Hoyer, 2011, S. 1131).

Innere Lebensgeschichte	Unter der inneren Lebensgeschichte versteht man die Darstellung der historischen Entwicklung sowie seiner Motivation. Dabei ist insbesondere die Frage relevant, warum ein Patient bestimmte Entscheidungen getroffen und bestimmte Verhaltensweisen entwickelt hat. Die Struktur der inneren Lebensgeschichte ist je nach therapeutischer Grundorientierung unterschiedlich breit und differenziert (Hoyer & Knappe, 2020, S. 538).
ISR	Das ICD-10-Symptom-Rating (ISR) evaluiert möglichst umfassend den Status und den Schweregrads psychischer Störungen im Rahmen einer Selbstbeurteilung durch den Patienten (Tritt et al., 2008).
Klinische Diagnostik	Wissenschaftliche Disziplin, deren Methodologie Verfahren und Strategien begründet, mit deren Hilfe Daten für Entscheidungszwecke gewonnen werden.
Komorbidität	Gemeinsames Auftreten verschiedener voneinander abgrenzbarer psychischer oder somatischer Störungen in einem definierten Zeitintervall (Wittchen & Hoyer, 2011, S. 1132).

Makroebene	Auf der Makroebene geht es um eine Beurteilung der prinzipiellen Erfolgswahrscheinlichkeit (= Prognose) einer Behandlung. Diese Entscheidung über die prinzipielle Annahme eines Patienten zur Therapie ist von verschiedenen Aspekten abhängig: der allgemeinen Problemlage, den persönlichen, institutionellen und versorgungsstrukturellen Gegebenheiten, dem psychopathologischen Status, der klassfikatorischen Quer- und Längsschnittdiagnostik, speziellen Untersuchungsverfahren und den Vermutungen und dem Wissen des Therapeuten über die mögliche Ätiologie und die Erfolgswahrscheinlichkeiten verschiedener Therapieformen (Wittchen & Hoyer, 2011, S. 387).
Mikroebene	Auf der Mikroebene werden Entscheidungen im Hinblick auf eine therapeutische Gesamtstrategie sowie die Auswahl einzelner Interventionskomponenten vorbereitet. Hierfür muss, zusätzlich zu der Ableitung einer deskriptiv-klassifikatorischen Diagnose, der lebensgeschichtliche Kontext des Betroffenen mit allen relevanten anamnestischen, biographischen und sonstigen behandlungsrelevanten Merkmalen und Aspekten berücksichtigt werden (Wittchen & Hoyer, 2011, S. 387).
Psychopathologie	Die Lehre von der Beschreibung psychischer Störungen.
Sensation-Seeking	Sensation Seeking zeichnet sich durch das Bedürfnis von Personen nach abwechslungsreichen, neuen und komplexen Eindrücken sowie durch die Bereitschaft aus, um solcher Eindrücke willen physische und soziale Risiken in

Kauf zu nehmen (Zuckerman, Murtaugh & Siegel, 1974).

Literaturverzeichnis

Arbeitsgemeinschaft für Methodik und Dokumentation in der Psychiatrie (2018). Das AMDP-System. Manual zur Dokumentation psychiatrischer Befunde (10., korrigierte Auflage). Göttingen: Hogrefe.

Aronson, E., Wilson, T.D. & Akert, R. M. (2008). Sozialpsychologie (6. aktualisierte Auflage). München: Pearson Studium.

Beck, A. T. (1970). The core problem in depression: The cognitive triad. Science and Psychoanalysis, 17, 47-55.

Beesdo-Baum, K., Zaudig, M., & Wittchen, H.-U. (2019). SCID5-CV Strukturiertes Klinisches Interview für DSM-5® – Störungen. Göttingen: Hogrefe. (Deutsche Bearbeitung des Structured Clinical Interview for DSM-5® – Clinician Version von Michael B. First, Janet B.W. Williams, Rhonda S. Karg, Robert L. Spitzer).

Berking, M. & Rief, W. (2012). Klinische Psychologie und Psychotherapie für Bachelor (Band I). Springer-Lehrbuch. Berlin, Heidelberg: Springer. https://doi.org/10.1007/978-3-642-16974-8S

Caspar, F., Pjanic, I. & Westermann, S. (2018). Klinische Psychologie. Wiesbaden: Springer VS. https://doi.org/10.1007/978-3-531-93317-7

Cassel, J. (1976). The contribution of the social environment to host resistance. American Journal of Epidemiology, 104, 107–123.

Clark, D. M. & Wells, A. (1995). A cognitive model of social phobia. In: Heimberg, R. G., Liebowitz, M. R., Hope, D. A. & Schneider, F. R. (Ed.), Social Phobia: Diagnosis, assessment, and treatment, 69-93. New York: Guilford Press.

Cobb, S. (1976). Social support as a moderator of life stress. *Psychosomatic Medicine, 38,* 300–314.

Cohen, S. & Wills, T.A. (1985). Stress, social support, and the buffering hypothesis. Psychological Bulletin, 98, 310-327.

Deutschen Gesellschaft für Psychiatrie und Psychotherapie, Psychosomatik und Nervenheilkunde (2017). Unipolare Depression. S3-Leitlinie/Nationale Versorgungs-Leitlinie (2. Auflage). Verfügbar unter: https://www.leitlinien.de/themen/depression/pdf/depression-2aufl-vers1-kurz.pdf [abgerufen am 01.09.2021]

Hamilton, M. A. (1960). Rating Scale for Depression. J Neurol Neurosurg Psychiatry, 23, 56-62.

Hanisch, C. R. (2015). Dissertation. Neurowissenschaftlich orientierte Therapie von dysfunktionalen Kognitionen durch Reizüberflutung anhand einer" emotion-Sync"-Methode: eine experimentelle Studie. Books on Demand. Berlin: UCN.

Hautzinger, M., Bailer, M., Worall, H. & Keller, F. (1993). Beck-Depressions-Inventar (BDI). Bern: Huber.

Hautzinger, M. (2000). Depression im Alter: erkennen, bewältigen, behandeln: ein kognitiv-verhaltenstherapeutisches Gruppenprogramm. Weinheim: Beltz.

Hayward, C., Esser, G., & Schneider, A. (2013). Risiko-und Schutzfaktoren. Lehrbuch der Kinder- und Jugendpsychiatrie, 1, 173-186.

Hoyer, J. & Knappe, S. (2020). Klinische Psychologie & Psychotherapie (3. Auflage). Berlin, Heidelberg: Springer. https://doi.org/10.1007/978-3-662-61814-1_1

Kanfer, F.H. & Saslow, G. (1965). Behavioural analysis: An alternative to diagnostic classification. Archives of General Psychiatry, 12, 529–538.

Kienle, R., Knoll, N. & Renneberg, B. (2006). Soziale Ressourcen und Gesundheit: soziale Unterstützung und dyadisches Bewältigen. In: Renneberg, B. &

Hammelstein, P. (ed.) Gesundheitspsychologie. Springer-Lehrbuch. Berlin, Heidelberg: Springer. https://doi.org/10.1007/978-3-540-47632-0_7

Klauer, T. (2009). Soziale Unterstützung. In: Bengel, J. & Jerusalem, M. (eds.). Handbuch der Gesundheitspsychologie und medizinischen Psychologie, 80-85. Göttingen: Hogrefe.

Knappe, S. & Härtling, S. (2017). Diagnostik und Verhaltensanalyse. Band in der Reihe von P. Neudeck (ed.). Techniken der Verhaltenstherapie. Weinheim: Beltz

Margraf, J. & Cwik, J. C. (2017). Mini-DIPS Open Access: Diagnostic Short-Interview for Mental Disorders. [Mini-DIPS Open Access: Diagnostisches Kurzinterview bei psychischen Störungen]. Bochum: Forschungs- und Behandlungszentrum für psychische Gesundheit, Ruhr-Universität. https://doi.org/10.13154/rub.102.91

Margraf, J., Cwik, J. C., Suppiger, A. & Schneider, S. (2017). DIPS Open Access: Diagnostic Interview for Mental Disorders. [DIPS Open Access: Diagnostisches Interview bei psychischen Störungen.] Bochum: Mental Health Research and Treament Center, Ruhr-Universität Bochum. https://doi.org/10.13154/rub.100.89.

Nestmann, F. & Wehner, K. (2008). Soziale Netzwerke von Kindern und Jugendlichen. In: F. Nestmann, J. Günther, S. Stiehler, K. Wehner, & J. Werner (ed.), Kindernetzwerke. Soziale Beziehungen und soziale Unterstützung in Familie, Pflegefamilie und Heim, 11-40. Tübingen: DGVT.

Rief, W., & Barsky, A. J. (2005). Psychobiological perspectives on somatoform disorders. Psychoneuroendocrinology, 30, 996–1002. https://doi.org/10.1016/j.psyneuen.2005.03.018.

Sauerland, M. (2015). Das Konzept der dysfunktionalen Kognitionen. In: Design your mind – Denkfallen entlarven und überwinden. Wiesbaden: Springer Gabler. https://doi.org/10.1007/978-3-658-09021-0_2

Sauerland, M. (2018). Dysfunktionale Denkmuster. In: Design Your Mind! Denkfallen entlarven und überwinden. Wiesbaden: Springer Gabler. https://doi.org/10.1007/978-3-658-21462-3_3

Schwarzer, R. (2000). Stress, Angst, Handlungsregulation (4. Auflage). Köln: Kohlhammer.

Seiffge-Krenke, I. (2007). Psychoanalytische und tiefenpsychologisch fundierte Psychotherapie mit Jugendlichen. Stuttgart: Klett-Cotta.

Tritt, K., von Heymann, F., Zaudig, M., Zacharias, I., Söllner, W., & Loew, T. (2008). Development of the" ICD-10-Symptom-Rating"(ISR) questionnaire. Zeitschrift fur Psychosomatische Medizin und Psychotherapie, 54(4), 409-418.

van Gülick-Bailer, M., Maurer, K., & Häfner, H. (1995). Schedules for Clinical Assessment in Neuropsychiatry (SCAN). Deutsche Ausgabe. Göttingen: Hogrefe.

Westhoff, K. & Kluck, M.L. (2008). Psychologische Gutachten schreiben und beurteilen (5. Auflage). Berlin: Springer. https://doi.org/10.1007/978-3-540-46842-4

Wittchen, H. & Hoyer, J. (2011). Klinische Psychologie & Psychotherapie (2. Auflage). Springer-Lehrbuch. Berlin, Heideberg: Springer. https://doi.org/10.1007/978-3-642-13018-2

Wittchen, H.-U., & Pfister, H. (1997). DIA-X-Interviews: Manual für Screening-Verfahren und Interview. Interviewheft Längsschnittuntersuchung (DIA-X lifetime); Ergänzungsheft (DIA-X); Interviewheft Querschnittsuntersuchung (DIA-X 12 Monate); Ergänzungsheft (DIA-X 12 Monate); PC-Programm zur

Durchführung des Interviews (Längs- und Querschnittsuntersuchung); Auswertungsprogramm. Frankfurt: Swets & Zeitlinger.

Zuckerman, M., Murtaugh, T., & Siegel, J. (1974). Sensation seeking and cortical augmenting-reducing. *Psychophysiology*, 11(5), 535-542.

Anhang A: Arten dysfunktionaler Kognitionen

Dysfunktionale Kognitionen	Definition	Beispiel	Fragebogen Items
Dichotomes Denken	Das Denken in sich ausschließenden Kategorien oder strikten Gegenpaaren, zweideutige Anteile der ausgeschlossenen Kategorie und Ähnliches werden dabei ignoriert.	„Entweder wir konzentrieren und zukünftig auf die Einzelfertigung von speziellen Teilen oder wir richten uns auf standardisierte Massen-produktion aus!"	• Ich lasse mir nur ungern verschiedene Möglichkeiten zur Erreichung eines Ziels einfallen. • Ich neige zu radikalen Ansichten. • Ich lebe nach dem Prinzip „entweder so oder gar nicht"
Kontrafaktisches Denken	Denken konträr zu den vorliegenden Fakten. Es bezieht sich auf Ereignisse, die eintreten würden bzw. eingetreten wären, wenn andere als die tatsächlichen Bedingungen vorliegen wurden bzw. vorgelegen hätten.	„Hätten wir die Krise doch bloß schon hinter uns, dann könnten wir mit dem neuen Programm endlich durchstarten!"	• Ich wünschte, ich hätte es leichter! • Ich denke oft, ich hätte früher etwas anders machen müssen! • Oft bedaure ich Entscheidungen, die ich getroffen habe!
Unfaire soziale Vergleiche	Vergleiche mit anderen Personen, insbesondere hinsichtlich des Wertes von Fähigkeiten, wobei im Rahmen des Vergleichsprozesses unterschiedliche Ausgangs-bedingungen ignoriert oder nicht ins Kalkül gezogen werden.	„Der Kollege ist genauso alt wie ich und hat es im Gegensatz zu mir schon zum Abteilungsleitet geschafft! Jetzt brauche ich es auch nicht mehr zu probieren – mit der familiären Belastung kann ich mit dem eh nicht mehr mithalten."	• Ich vergleiche mich oft mit Personen, die besser sind als ich, ohne Näheres von ihnen zu wissen. • Wenn ich mich mit anderen Personen vergleiche, leide ich oft darunter! • Ich denke oft: Andere haben es im Leben schon weiter gebracht als ich!
Perfektionistisches Denken	Eine übertriebene geistige Beschäftigung mit persönlicher Vollkommenheit und tätigkeitsbezogener Fehlerfreiheit.	„Ich kontrolliere die ganze Arbeit lieber nochmal im Detail, damit der Kunde absolut nichts beanstanden kann."	• Es ist für mich schwer auszuhalten, wenn ich eine Arbeit nicht absolut fehlerfrei ausführen kann. • Es stört mich, wenn ich nicht die/der Beste bin. • Ich verbringe viel Zeit damit, zu überprüfen, wie ich meine Aufgaben noch besser erledigen kann.

Minimierung	Die Unfähigkeit eigene Leistungen anzuerkennen, eigene Erfolge für sich in Anspruch zu nehmen bzw. sie als Erfolg zu verbuchten. Erbrachte Leistungen werden relativiert oder abgewertet.	„Ach was war das schon? Das hätten andere auch fertiggebracht." „Das war nur ein kleiner Zwischenschritt, den andere auch schon vor mir geschafft haben!"	• Oft kann ich gar nicht stolz sein auf Ziele, die ich erreicht habe. • Ich kann selten anerkennen, was ich geschafft habe. • Ich werte meine Leistungen oft ab.
Übergeneralisierungen	Völlig überzogene und unbegründete Verallgemeinerung eines Einzelfalls. Aus einzelnen Ereignissen oder Erlebnissen werden allgemeine Regeln abgeleitet oder pauschale Schlussfolgerungen gezogen und auf andere Situationen oder Bereiche, seien diese ähnlich oder unähnlich übertragen und angewendet.	„Wir haben erfolglos versucht, ein neues Marktsegment hinzuzugewinnen. Wir konzentrieren uns nun lieber auf das Kerngeschäft und werden keinen weiteren Expansionsversuch mehr unternehmen."	• Ich neige dazu, Dinge die schieflaufen zu generalisieren. • Wenn mir eine Aufgabe nicht gelingt, kann ich in anderen ähnlichen Aufgaben dennoch Erfolg haben! • Wenn eine Sache schiefläuft, frage ich mich oft, ob ich überhaupt etwas auf die Reihe bekomme.
Übertreibungen	Mit Übergeneralisierungen verwandt, jedoch beziehen sie sich ausschließlich auf die Bewertung von vergangenen Einzelereignissen.	„Ich habe den Rechtschreibfehler auf meiner Präsentationsfolie erst während des Vortrags bemerkt, jetzt war der gesamte Vortrag eine Blamage."	• Ein Tippfehler kann einen ganzen Bericht unseriös wirken lassen. • Ich neige dazu, Dinge übertrieben positiv oder übertrieben negativ zu sehen. • Manchmal mache ich aus einer Mücke einen Elefanten!
Ungeprüfte Projektionen	Überzeugung, etwas nicht zu können, obwohl es zuvor noch nie ausprobiert wurde.	„Ich weiß, dass ich das neue EDV-Programm nicht bedienen können werde. Ich werde es nicht benutzen!"	• Oft denke ich, dass ich etwas nicht kann, obwohl ich es nie zuvor ausprobiert habe. • Ich habe die Erfahrung gemacht, dass ich mich selbst nicht grundlegend ändern kann. • Ich fühle mich oft machtlos, Dinge zu verändern.
Mind-Reading	Willkürliche und zumeist negative Schlussfolgerungen hinsichtlich der Gedanken anderer Personen über die eigene Person aus Verhaltensäußerungen dieser anderen Personen.	„An solchen Neulingen am Markt wie mir, hat der Kunde sicherlich kein Interesse."	• Ich unterstelle Personen oft Meinungen, die sich im Nachhinein als haltlos erweisen. • Personen überraschen mich oft positiv! • Oft laufen Gespräche mit Kollegen weniger schwierig als ich es im Vorfeld erwartet hatte.

Du-Musst/Du-Sollst-Imperative	Gedanken darüber, wie sich bezüglich einer anstehenden Aufgabe verhalten werden sollte oder muss, um nachteilhafte Konsequenzen zu vermeiden, wobei bestimmte Aspekte wie bspw. Herkunft dieser Forderungen, deren Berechtigung, die genauen Konsequenzen bei Befolgung oder Verstoß, die Passung zu eigenen Motiven oder die Folgen alternativen Verhaltens nicht reflektiert werden.	„Ich muss unbedingt eine neue Idee entwickeln, sonst kann ich meine Beförderung vergessen!"	• Ich stehe oft unter einem selbstgemachten Druck an der Arbeit. • Ich verfolge viele Aufgaben mit wenig Lust und auch nur, weil andere dies von mir erwarten. • Ich würde mich als zwanghaftbesessenen Arbeiter bezeichnen.
Katastrophisierung	Ausmalen von schlimmstmöglichen Konsequenzen eines Misserfolgs oder Versagens. Im Gegensatz zu Übertreibungen sind diese zukunftsbezogen.	„Wenn mir der Fehler noch Mal passiert, werde ich entlassen!"	• Es fällt mir leichter, mir Misserfolge vorzustellen, als mit Erfolge vorzustellen. • Einen Misserfolg zu erleben, ist für mich eine Katastrophe! • Ich gehe immer vom Schlimmsten aus!
Ruminieren	Auch: gedankliches Wiederkäuen. Das Dazu-Neigen, immer wieder zu überlegen, ob bei einem bevorstehenden Ereignis etwas schief gehen könnte oder das immer wieder gedankliche Durchspielen vergangener Ereignisse.	„...und was ist, wenn bei der Präsentation doch jemand nach der Formel fragt, die ich selbst nicht vollständig verstanden habe?"	• Ich neige dazu, noch sehr lange über Dinge, die mir passiert sind, zu grübeln. • Manchmal fühle ich mich wie in einer Gedankenschleife gefangen. • Ich grüble viel über mögliche negative Folgen einer Handlung nach.
Reduktionismus	Ein Phänomen, ein Ereignis, eine Wirkung oder Ähnliches wird auf eine einzige Ursache zurückgeführt. Ausschließlich diese Ursache wird für das sein/ihr Auftreten verantwortlich gemacht.	„Wir bekämpfen die Ursache unserer Absatzschwierigkeiten mit einer massiven Gegenaktion!"	• Andere mögen mich nur, wenn ich Leistung erbringe. • Ich finde schnell die Hauptursache für Dinge, die nicht gut laufen. • Viele Dinge ließen sich schnell durch eine durchgreifende Aktion verbessern!

Heuristisches Denken	Lässt sich auf die begrenzten Ressourcen menschlicher Informationsverarbeitung zurückführen: Heuristiken sind Daumenregeln, die zwar oft zu guten Urteilen und Entscheidungen führen, jedoch nicht immer. Es kann somit zu heuristischen Fehlschlüssen kommen, die zumeist auf die Vernachlässigung relevanter Informationen bei der Urteilsbildung oder Problemlösung zurückgehen.	„Der Kunde setzt einen Preis von 4000€ an. Das scheint mir ein bisschen zu hoch zu sein, das Produkt ist vermutlich eher 3000€ wert." (Im Mittelwert ist das Produkt für 2000€ auf dem Markt erhältlich!)	• Bei Entscheidungen beziehe ich mich auf das, was mir als erstes einfällt. • Ich entscheide mich oft zu schnell. • Ich mache mir oft wenig Mühe, alle für eine Entscheidung relevanten Informationen einzuholen.
Selektive Wahrnehmung	Phänomen, dass Personen nur bestimmte Aspekte der Umwelt wahrnehmen und andere Sachverhalte systematisch ausblenden.	„Nichts funktioniert hier – mit der Einführung des neuen Systems hat sich alles verschlechtert!"	• Manchmal sehe ich nur, was ich sehen will. • Wenn eine Sache schiefgelaufen ist, ist meist der ganze Tag im Eimer! • Wenn ich negative Gedanken habe, fällt es mir schwer, mich abzulenken.

Tab. 7: Verbreitete dysfuntionale Kognitionen

(Quelle: Eigene Darstellung, Inhalt: Sauerland, 2018, S. 19-59)

48

Anhang B: Checklisten äußere und innere Lebensgeschichte

Lebensumstände	Lebensereignisse
Ausbildung	
– Häufiges Schuleschwänzen (mindestens 5-mal pro Schuljahr) – Häufig unentschuldigt oder unter falschem Vorwand gefehlt	– Kindergarteneintritt – Schuleintritt, Schulübertritt, Klassenwiederholung, disziplinarische Maßnahmen, Ausbildungswechsel – Beginn Lehre/Studium, Abbruch Lehre/Studium
Beruf	
– Arbeitslosigkeit – Längere Zeit wegen körperlicher Erkrankung arbeitsunfähig gewesen – Häufig unentschuldigt oder unter falschem Vorwand der Arbeit ferngeblieben	– Aufnahme einer Erwerbstätigkeit, neue Arbeitsstelle, Berufswechsel – Beruflicher Aufstieg/Abstieg, Kündigung – Eigenes Geschäft eröffnet, Konkurs gemacht, Rückzug aus dem Erwerbsleben (z. B. wegen Kinderbetreuung), vorzeitige/altersgemäße Berentung – Aufnahme einer Nebenerwerbstätigkeit
Ursprungsfamilie	
– Paarbeziehung der Eltern – Längere Trennung von einer engen Bezugsperson (z. B. infolge von Erkrankungen, Flucht oder Vertreibung, kriegsbedingte Abwesenheit) – Pflege eines engen Angehörigen durch den Patienten	– Geburt eines Geschwisters – Scheidung der Eltern, Wechsel der Bezugsperson – Tod eines Angehörigen – Umzug, Internatsunterbringung, Fremdunterbringung (z. B. in Wohngruppen)
Gesundheit/Krankheit	
– Längerer Krankenhausaufenthalt eines Angehörigen – Lang andauernde/schwere eigene Krankheit oder eines Angehörigen – Behinderung bzw. Pflegebedürftigkeit	– Angaben zu Schwangerschaft bzw. Geburt des Patienten – Unfall (Angehöriger/Patient)
Soziale Kontakte/Freizeit	
– Längere Zeit keine engere Freundschaft (über 6 Monate) – Wunsch nach sozialen Kontakten	– Beginn/Beendigung einer Freundschaft – Tod eines Freundes – Entwicklung eines Hobbys – Club-/Discobesuche, Sport-/Tanzkurse, Reisen – Soziales Jahr
Partnerschaft	
– Längere Zeit ohne sexuelle Kontakte	– Erster sexueller Kontakt, Beginn einer Beziehung – Gründung eines gemeinsamen Hausstandes, Heirat – Trennung/Scheidung, Tod des Partners
Schwangerschaft/Kinder	
– Längere Trennung von den Kindern – (Unerfüllter) eigener Kinderwunsch oder des Partners/der Partnerin	– Schwangerschaft, Schwangerschaftsabbruch – Geburt eines Kindes – Fehl-/Totgeburt, Tod eines Kindes – Heirat eines Kindes
Wohnung	
– Längerer Auslands-/Heim-/Internataufenthalt	– Wohnungswechsel, Haus-/Wohnungskauf
Finanzen	
– Lang andauernde finanzielle Schwierigkeiten	– Erhebliche finanzielle Verbesserung/Verschlechterung
Gericht/Gesetz	
– Längeres Gerichtsverfahren, längerer Gefängnisaufenthalt	– Hohe finanzielle Buße, Freiheitsentzug, Führerscheinentzug
Sonstiges	
– Sexuelle Belästigung durch Familienangehörige, Bekannte, Fremde – Zeuge/Opfer kriegerischer Handlungen, einer Naturkatastrophe, eines Verbrechens	

Abb. 9: Checkliste äußere Lebensgeschichte

(Quelle: Hoyer & Knappe, 2020, S. 539)

Bereiche	Beispiele
Ausbildung	
– Kindergarten, Probleme im Kindergarten – Verhältnis zu anderen Kindern – Verhältnis zu den Erzieherinnen – Schulerfolg, Noten, Leistungsverhalten in der Schule – Motivation, Begabung (Lieblingsfächer), Fleiß – Verhalten bei Anforderungen (Hausaufgaben, Prüfungen) – Erziehungsschwierigkeiten, Lernstörungen, Schulangst – Verhalten gegenüber Lehrern und Mitschülern	Bei Lehrlingen/Auszubildenden: – Gründe für die Berufswahl – Erfolge/Misserfolge – Leistungsmotivation, Zielstrebigkeit, Ehrgeiz – Arbeitszufriedenheit – Risikofreudigkeit – Stellenwert der Arbeit – Verhalten gegenüber Kollegen – Verhalten gegenüber Vorgesetzten – Gründe für Stellenwechsel
Beruf	
– Arbeitszufriedenheit, Risikofreudigkeit – Gründe für Erfolge/Misserfolge, Stellenwert der Arbeit – Verhalten gegenüber Kollegen	– Verhalten gegenüber Untergebenen/Vorgesetzten – Gründe für Auf- bzw. Abstieg – Gründe für Stellenwechsel – Gründe für Kündigung – Gründe für erneute Aufnahme einer Erwerbstätigkeit
Ursprungsfamilie	
– Familienklima – Erwünschtes vs. unerwünschtes Kind – Erziehungsstil – Ehe der Eltern, Zusammenhalt in der Familie – Persönlichkeit der Eltern bzw. anderer Bezugspersonen	– Vorstellung der Eltern über geschlechtsadäquates Verhalten – Verhältnis zu den Geschwistern – Finanzielle Abhängigkeit (von der Ursprungsfamilie) Bewältigung des Todes eines nahen Angehörigen
Gesundheit/Krankheit	
– Frühkindliche psychische Entwicklung, z. B. Bettnässen, nächtliches Aufschrecken, Wutanfälle, Reizbarkeit, Phobien, Nägelkauen, Zwangshandlungen und Rituale	– Bewältigung einer schweren oder chronischen Erkrankung (und der damit verbundenen Belastungen) eines Angehörigen/des Patienten
Soziale Kontakte/Freizeit	
– Sozialverhalten gegenüber Kindern, Sozialverhalten gegenüber Erwachsenen (– Reaktion auf das Verhalten anderer – Spielverhalten (allein, mit anderen, [un-] selbstständig, Spielmaterialien und -themen) – Spielzeug, Haustiere, Fernsehen, Hobbys – Phantasie, Vorbilder oder Idole	– Sozialverhalten gegenüber Gleichaltrigen (gleich- und gegengeschlechtlich) – Qualität der Beziehung zum Bekanntenkreis – Hobbys, aktive vs. passive Freizeitgestaltung – Gestaltung des Urlaubs – Funktion in Organisationen und Vereinen
Partnerschaft	
– Partnerwahl, Erwartung an den Partner/die Partnerschaft – Alter des Partners – Rollenaufteilung in der Partnerschaft und Zufriedenheit – Einstellung zu Sexualität und Familie	Bei Singles: – Gründe für das Alleinleben (freiwillig vs. unfreiwillig) – Zufriedenheit damit – Gründe für die Trennung (wenn bereits Partnerschaft bestanden hat) – Bewältigung von Trennung oder Tod des Partners
Schwangerschaft/Kinder	
– Gründe für bzw. gegen Kinder – „Geplante" Kinder vs. „Unfälle" – Rollenaufteilung bei der Kindererziehung – Erziehungsstil, Beziehung zu den Enkelkindern	– Gründe für bzw. gegen Kinder des Partners – Verhältnis zu den eigenen Kindern – Zusammenhalt der Familie
Wohnen	
– Allein, mit Partner, in Wohngemeinschaft oder Großfamilie und Gründe dafür	
Sonstiges	
– Bewältigung eines traumatischen Ereignisses	

Abb. 10: Checkliste innere Lebensgeschichte

(Quelle: Hoyer & Knappe, 2020, S. 540)